O barro o oleiro e o vaso

Tony Caroll

FICHA CATALOGRÁFICA

Isbn-13: 9781521726921

Design da capa por: pintor de arte

Número de controle da biblioteca do congresso: 2018675309

Impresso nos estados unidos da américa

SUMÁRIO

Prefácio 4
Introdução 7
Primeiro Ato 15
Apresentação de todos os vasos 15
Segundo Ato 25
Diálogo entre os vasos 25
Terceiro Ato 38
A tranformação do vaso de barro 38
SOBRE O AUTOR 48
OBRAS DO AUTOR 50

PREFÁCIO

Quanto devia valer um vaso de barro quebrado no canto de uma loja de antiguidades esperando o carro da comlurb para levá-lo embora e despejá-lo em qualquer lixão?

O barro o oleiro e o vaso é mais um texto da dramaturgia cristã que chega ao cenário evangélico como boa sugestão para novos atores que buscam temas biblicos como a “valorização da vida e exemplos de superação.

Além de discutir um assunto relevante que é a transformação do ser humano, este texto o faz com certa dose de comédia misturando fábula e realidade.

A história de um vaso destruído e esquecido no meio de tantos outros em uma casa que comercializa antiguidades é algo que retrata bem aquele ser humano autoflagelado que diante de uma sociedade exigente em tons de beleza já não serve para mais nada.

O texto ora apresentado nos deixa a lição de que só os especialistas em determinados gêneros de coisas podem avaliar o valor de cada uma delas. O barro o oleiro e o vaso também têm a sublime missão de despertar o leitor e fazer o público a compreender que algo bem desprezível pode esconder uma raridade.

Elizabeth stager

DEDICATÓRIA

Ao amigo ator e dublador Anselmo Gomes dono de um talento extraordinário que um dia deixou cair algumas de suas pétalas diante dos meus olhos e me inspirou a criar e escrever o Sr° Malazartes.

No notável mundo das ideias brilhantes para se ganhar dinheiro, o esperto srº malazartes resolve então montar a sua loja de antiguidades em pleno centro comercial do rio de janeiro, mas, julgando-se também tão entendido no mundo das artes e profundo conhecedor de artigos e objetos de decoração, tem a ideia de inserir em meio as suas antiguidades objetos que sejam necessários também a decoração de casas.

O que ele não imagina é que a partir daí toda a história de sua vida pode ser transformada pois, expondo diversos modelos de vasos em sua loja, acaba chamando a atenção de um sábio colecionador que perambulando em meio ao tumultuado universo do saara está à procura de vasos decorativos.

Mas quem seria aquele homem tão misterioso e tão cheio de simplicidade que ficou extremamente extasiado diante de tantas obras de arte e que observando os vasos vietnamitas, vasos de polietileno, vasos de cerâmica, vasos de vidro etc. ficou tão indeciso diante de tanta beleza, mas acabou escolhendo logo um vaso feito de barro e, sem querer comparar preços pagou por ele uma quantia cem vezes maior do que o valor de um vaso de ouro deixando o sr° malazartes tão impressionado?

Inspirado em trechos da bíblia sagrada, "o barro o oleiro e o vaso" pode ser trabalhado como exercicios por parte de atores, instrutores teatrais e diretores de maneira bem descontraída porque traz uma linguagem simples onde personagens divertidos saltam diante dos olhos do leitor emocionando-o e esclarecendo-o sobre o tema "o vaso de barro nas mãos do oleiro" de forma bem atual.

Com um cenário simples de ser montado em salas, teatro, templos, espaço fashion ou quaisquer outros para eventos, o barro, o oleiro e o vaso é uma boa sugestão para aqueles que buscam algo de muito valor para encenação teatral.

Esta peça é composta por quatro personagens fáceis de

conquistar logo de imediato a simpatia do público pois, além de oferecer a liberdade de criação de outros tantos personagens fabulosos e a oportunidade de ter a plateia participando também como um núcleo de atores, a riqueza de detalhes desta peça teatral cairá como lustres de cristal nas mãos daqueles que gostam de aplaudir a arte da interpretação no universo dos contadores das mais belas histórias.

AGRADECIMENTOS

Aos amigos :

André, Dulcelina, Ranier,Ryenie Almeida que sempre estiveram na primeira fila da plateia que se abriga em meu coração. Vocês são as perólas que guardarei para sempre no casulo das minhas lindas recordações.

Meus primeiros e inesquecíveis leitores.

CENÁRIO

- Rua movimentada com a presença de muitos figurantes mostrando um tumultuado centro comercial.
- Uma loja de antiguidades com imensa variedade de produtos tendo vasos de decoração em destaque.
- Uma olaria com efeitos especiais que possa destacar o trabalho de um oleiro.
- Espaço a critério onde a plateia faça parte de um núcleo de atores.

PERSONAGENS

- Figurantes
- Srº Malazartes
- Pedro
- Vaso de ouro
- Vaso de prata
- Vaso de purpurina
- Vaso de vidro
- Vaso de bronze
- Vaso de metal
- Vaso de porcelana
- Vaso de barro
- Plateia
- Maestro
- Oleiro

DESCRIÇÃO DE PERSONAGENS

- Figurantes

  Pessoas caracterizadas a critério que demonstrem interesses em comprar alguma coisa em um grande centro comercial.

- Srº Malazartes

  Homem de fisionomia engraçada, um tanto estravagante em seus gestos, possui vicios de linguagem, muito repetitivo nas palavras e se assemelha aos garotos propaganda nas portas de lojas. Deve demonstrar muita ambição e amor ao dinheiro e usa todas as estratégias possíveis para vender alguma coisa. Este personagem pode ser caracterizado com fantasias e objetos que o destaque bastante em cena.

- Pedro

  Homem de fisionomia bem familiar, que demonstra muita simplicidade no falar e em seus gestos e deve ser caracterizado com certo tom de sabedoria. A princípio deve se parecer com os demais traseuntes, mas ao longo da história alguém bem próximo de Deus.

- Vasos

Os vasos aqui apresentados devem ser protagonizados por pessoas vestindo figurino que as caracterize como vasos. Cada um desses vasos deve ter vida própria, gestos e tom de voz diferenciados e interpretação peculiar.

- Plateia

Deve ser criada como sendo um núcleo de atores que será apenas usado nos momentos de improviso.

- Maestro

Homem simples vestido a caráter regendo uma grande orquestra a qual pode ser composta por toda a plateia ou um pequeno grupo de pessoas que represente um coral. O Maestro deve possuir traços angelicais.

- Oleiro

Este personagem na sua única cena deve estar envolvido por uma nuvem de fumaça a qual não permitirá que a sua imagem seja revelada ao público.

PRIMEIRO ATO

APRESENTAÇÃO DE TODOS OS VASOS

Primeiro Ato

Abertura.

Ao levantar o pano, música suave como se esta seja a responsável pela revelação do cenário que deve aparecer na penumbra e, iluminando-se aos poucos. Em cena devem estar imóveis todos os personagens que lentamente começarão a se mover, com a evidência da luz, dando ao espectador a idéia de um novo amanhecer.

Abaixo ou na boca-de-cena deve aparecer um tumulto de pessoas que andam de um lado para o outro, como se estivessem em um grande mercado popular, provocando assim um imenso vozeio em torno de Malazartes que anuncia seus produtos convidando a todos a entrarem em sua loja.

Cena Um

Malazartes (Aos gritos).

Hei! Senhores, senhoras! Vejam! Se vocês estão procurandoantiguidades! ***Retificando****...Preciosidades!!!O lugar é ali, ou melhor,* ***retificando*** *o lugar é aqui. Vejam, eu sou o Malazartes, aquele que entende de tudo* ***retificando****, aquele que entende de artes. Eu tenho para vocês a última moda em vasos, os melhores do mundo! Venham ver e confiram. Tenho vasos de todos os tipos e tamanhos, grandes, médios, pequenos...Vasos de ouro, prata, porcelana, metal, bronze, ferro e até de barro.*

Malazartes sobe no palco é acompanhado por algumas dessas pessoas que disputam a sua atenção enquanto outras examinam os vasos de perto. Um certo homem se aproxima dele, tendo a sua total atenção.

Malazartes

—*Pois não Senhor.*

Pedro

—*Eu estou procurando um vaso que seja algo assim especial, vou oferecer um grande banquete e preciso apresentar o melhor o senhor entende?*

Malazartes

—Não! ***Retificando****...Sim, sim eu entendo, é só me dizer o tipo de vaso que precisa, que mando embrulhar em papel da melhor qualidade para que possa parecer ainda mais bonito.*

Pedro

—Mas é aí que está o problema senhor...Eu não preciso de um vaso que tenha só aparência, que seja bonito só por fora...

Malazartes

*—Entendi o espírito da coisa! O senhor não quer um vaso que seja por fora uma bela viola e por dentro pão bolorento!!!Ah desculpe senhor é que às vezes sou meio desastrado eu quis dizer...****Retificando...****O senhor quer um vaso que tenha qualidade interior...*

Pedro

—Isso! E que além da qualidade possa comportar muitas coisas dentro dele.

Malazartes

—Nossa! Como o senhor e intransigente ***retificando...*** *Como o senhor é exigente..., mas isso não é problema; eu tenho vasos aqui que tem capacidade para armazenar muitas coisas, comida, roupas, dinheiro, freguês chato que tira a paciência da gente* ***retificando...***

Pedro

—Não precisa retificar mais eu já entendi, talvez eu não tenha me expressado direito, eu preciso de um vaso que possa guardar sentimentos senhor.

Malazartes

—Sentimen...O senhor está de brincadeira comigo é? Um vaso para guardar sentimentos...Vocês já viram isso? Ora quem guarda sentimentos é o coração, meu senhor.

Pedro

—É exatamente isso o que eu desejo, um vaso que tenha coração.

Malazartes

—Olha aqui, o senhor está me confundindo entendeu? Me confundindo!!!

Pedro

—Desculpe senhor, essa não foi a minha intenção, eu quis dizer que preciso de um vaso que seja tão fértil como um coração, que possa guardar e cultivar os frutos do espírito como: amor, gratidão, afeto, solidariedade, mansidão, perdão, humildade, compreensão...

Malazartes

—É, realmente o senhor é muito exigente...Vamos fazer o seguinte, vou lhe mostrar cada peça que tenho aqui, explicar-lhe a qualidade de cada uma e então o senhor me diz qual é que está ao seu gosto.

Na cena que sucede, a luz deve entrar em evidência ao incidir sobre cada vaso mostrado pelo vendedor.

Cena dois

Luz amarela sobre o vaso de ouro.

Malazartes

—Esse é um vaso de ouro, o mais caro que tenho

aqui, é importado, muito bom para decoração, mas é muito pesado; não pode ser usado para usos domésticos, só serve para enfeitar lugares muito glamurosos como: palácios, monumentos e etc.

Luz branca sobre o vaso de prata.

—Esse outro é um vaso de prata, elaborado pelos maiores e mais conceituados artistas do mundo, serve tanto para decoração como para uso doméstico só tem um problema: É necessário ser polido constantemente, pois, perde o seu brilho com muita facilidade. Olhe só!

Esfrega uma flanela no vaso que com a mudança da luz branca para um branco opaco, fica bem apagado.

Luz meio esbranquiçada sobre o vaso de porcelana.

—Esse outro aqui é de porcelana, muito requisitado nos leilões; serve para decoração de casas, grandes empresas e, principalmente igrejas; pois muitos pastores encomendam esse tipo de vaso, pois o aspecto dá a impressão de

uma peça muito rara.

Luz turva sobre o vaso de ferro.

—*Esse aqui é de ferro, muito resistente, mas... a qualquer umidade enferruja logo.*

Luz transparente sobre o vaso de vidro.

—*E esse aqui é de vidro, muito bonito, transparente, reflete muito brilho diante da luz do sol, mas é muito frágil; a qualquer deslize cai e quebra-se com muita facilidade.*

Dá um toque no vaso que cai no chão como que desmanchando-se. Barulho de vidro quebrando-se vindo da sonoplastia.

—*Não falei?*

Pedro dá mais uma olhada ao redor, e Malazartes muito cansado e sem vontade ainda lhe apresenta os outros vasos.

Reflexos de várias luzes sobre os outros vasos.

—*Aquele lá é de bronze, aquele outro de metal, aquele de purpurina que só aparece nos carnavais, passeatas e festas religiosas...*

Pedro

—E aquele? Acho que o senhor se esqueceu de me mostrar aquele ali.

Luz muito embaçada sobre o vaso de barro.

Malazartes

—Ah, aquele não vai lhe interessar... Do jeito que o senhor é intransigente... Quer dizer, ***retificando*** *do jeito que o senhor é exigente...Aquele é de barro, já foi devolvido três vezes, ele está apresentando algumas rachaduras nos lados e no fundo, é muito antigo, pequeno, já não serve para nada; eu o deixei ali no canto até descobrir alguma serventia para ele, mas acho mesmo que vou entregá-lo ao caminhão do lixo quando passar. E então senhor? Qual deles o senhor vai levar?*

Pedro

—Pensando bem, ainda não sei...Acho que vou para casa, pois preciso consultar uma pessoa. Amanhã volto aqui para fecharmos negócio. Até amanhã senhor...

Vai saindo...

—*E obrigado pela atenção senhor...Senhor???*

Malazartes

—*Malazartes, Malazartes aquele que entende tudo de artes!!!*

Após o homem se afastar ele fala com a plateia.

—*Sujeito mais esquisito tomou o meu tempo todo, espantou todos os fregueses da minha loja, veio com uma história de vaso com coração e ainda se foi sem levar uma peça! É... Está ficando difícil vender antiguidades...Bem vou fechar a loja, quem sabe amanhã esse maluco volta e resolve levar o vaso de ouro que é o mais caro de todos e engorda a minha conta no banco.*

Faz um gesto que está fechando as portas, diz até amanhã para a platéia e sai de cena.

Cai o pano

Fim do primeiro ato.

SEGUNDO ATO

DIÁLOGO ENTRE OS VASOS

Segundo Ato

Cena um

Ainda com as cortinas fechadas, surge um murmúrio entre os vasos e, isso vai levantando o pano devagar até revelar novamente o cenário onde estão somente os vasos confabulando.

Vaso de ferro (muito irritado).

—Cheeega, vamos deixar de tolices? O que adianta ficarmos aqui a noite toda discutindo quem será vendido...

Vaso de ouro (todo vaidoso).

—Isso mesma discussão não vai nos levar a nada quem é o vaso mais valioso aqui não sou eu?

Vaso de prata (intrometendo-se).

—E do que adianta ser tão valioso e só servir para enfeitar lugares glamurosos como palácios e monumentos?

Vaso de purpurina

—Isso mesmo além do mais seu vaso de ouro, você é muito pesado e ninguém gosta muito de carregar peso...Eu sim serei o escolhido, pois além de brilhar tanto sou leve como uma pluma.

Vaso de prata

—E o que isso adianta? Ser tão leve capaz de ser levado por qualquer ventania? Eu também tenho brilho e peso ideal para não ser carregado pelo vento.

Vaso de vidro

—É mais vive se desbotando à toa, fica pálido como uma cera; eu sim sou melhor que todos vocês juntos; tenho peso; brilho diante da luz, não preciso ser polido...

Vaso de bronze

—É mais é todo smilinguido vive caindo e se desmanchando com qualquer coisinha.

Ele imita o vaso de vidro caindo no chão e todos caem na gargalhada.

Vaso de metal

—Isso mesmo, o bom aqui sou eu, sou de metal, sou forte, tenho mais qualidades que todos vocês juntos, não quebro à toa, não desboto, não sou pesado e...

Vaso de porcelana (intrometendo-se).

—Mas é feio que dói quase não tem serventia...Eu sim sou de porcelana, sirvo para enfeitar os melhores lugares onde existe muita gente que canta, bate palmas, toca instrumentos, vivo sendo homenageado...

Vaso de ouro

—E o que adianta ser tão homenageado e não ter tanto valor como eu?

Vaso de barro (meio tímido).

—É isso mesmo, nem só de homenagens vivem os vasos.

Vaso de prata (esnobando-o).

—Ih, olhem só quem fala ...

Vaso de porcelana

—Ele está com inveja da gente...

Vaso de vidro

—Isso mesmo, pois entre todos nós ele é o único que não tem a mínima condição de disputar com a gente.

Um novo murmúrio se levanta entre os vasos enquanto a luz se apaga lentamente. Escuro total.

Cena dois

Luz incende lentamente sobre o cenário ao som de uma música suave como se ambas sejam as responsáveis pela revelação do cenário que deve aparecer na penumbra e, iluminando-se aos poucos. Em cena devem estar imóveis todos os personagens que lentamente começarão a se mover, com a evidência da luz, dando ao espectador a idéia de um novo amanhecer.

Abaixo ou na boca-de-cena deve aparecer um tumulto de pessoas que andam de um lado para o outro, como se estivessem em um grande mercado popular, provocando assim um imenso vozeio em torno de Malazartes que anuncia seus produtos convidando a todos a entrarem em sua loja.

Obs: Como na cena de abertura.

Pedro está muito ansioso entre as pessoas como que procurando por alguém e, carregando uma bolsa média; enquanto Malazartes anuncia seus produtos.

Malazartes (Aos gritos).

—*Hei! Senhores, senhoras! Vejam! Se vocês estão procurando antiguidades* ***retificando****...Preciosidades, preciosidades!!! O lugar é ali, ou melhor,* ***retificando*** *o lugar é aqui.*

Ao ver Pedro no meio das pessoas, Malazartes disfarça para não ser visto por ele e, assim ficam alguns minutos numa brincadeira de gato e rato até que acidentalmente se deparam meio sem jeito um diante do outro e, de repente abrem os braços e se abraçam calorosamente.

Ambos

—*Meu amigo!!!*

Dão-se tapinha nas costas.

Malazartes (Em tom de falsidade)

—*Mas quanta honra e então? Veio de novo me encher o saco? Quer dizer* **retificando** *veio realmente comprar um vaso?*

Pedro

—*Sim, eu pensei muito bem e já decidi o qual vou levar.*

Malazartes (Animado).

—*Mas que ótimo! Olha não precisa nem dizer nada eu já sei qual foi o vaso escolhido pelo senhor...*

As pessoas vão se afastando enquanto Malazartes vai falando e conduzindo Pedro até o centro do palco onde estão os vasos.

—*Pois do jeito que o senhor é, um homem tão fino, educado, bem-vestido, inteligente, jovem, certamente vai levar o melhor, aquele que serve tanto para decoração como para uso doméstico que só é comprado para enfeitar palácios e monumentos e que está, sobretudo a sua altura, o senhor vai levar o vaso de ouro acertei?*

Pedro

—Mais ou menos, primeiro eu gostaria de verificar os preços de alguns deles.

Malazartes (para a platéia).

—Ih vai começar tudo de novo...

Ah o preço? Sim de qual o senhor quer saber?

Pedro (olhando o vaso de porcelana de perto com uma lupa).

—Esse aqui, quanto custa?

Malazartes

—Quinhentos dólares! Mas se o senhor achou muito caro podemos conversar senhor.

Pedro (aproximando-se do vaso de vidro).

—E este aqui quanto custa?

Malazartes

—Duzentos dólares, mas, eu posso fazer por...

Pedro diante do vaso de purpurina

—E este daqui?

Malazartes,

—Bem... Esse vale cem dólares, mas eu posso lhe fazer por cinqüenta devido...

Pedro (aproximando do vaso de ouro).

—E este aqui quanto custa senhor malazartes?

Malazartes (Entusiasmado).

—É seu, é todo seu, custa cem mil dólares e esse eu não posso fazer por menos porque...

Pedro (aproximando-se do vaso de barro e observando-o).

—E este aqui, custa quantos dólares senhor?

Malazartes (Irônico).

—Dólares?

Começa a rir, cai na gargalhada, joga-se no chão, rola de um lado para o outro sem conseguir conter o riso e, depois se recompondo continua:

—Dólares? O senhor disse quantos dólares? Não, isso daí não vale mais nada, meu senhor, é um vaso de barro, está todo rachado dos lados e

no fundo e ninguém daria um dólar por ele, eu sim é que vou oferecer alguns centavos ao gari para levá-lo daqui.

Pedro (Muito sério).

—*E por quanto o senhor o venderia para mim?*

Malazartes (levando na brincadeira).

—*Uns dez reais.*

Pedro (Decidido).

—*Eu vou levá-lo.*

Malazartes (Muito irado).

—*O quê? O senhor está brincando comigo? Me tomou todo esse tempo para me fazer uma piada dessas? Que me dissesse logo ao que veio e eu até lhe daria o vaso.*

Pedro (Muito decidido).

—*Eu vou levá-lo.*

Malazartes

—Mas senhor...

Pedro atropelando

—Qual é o vaso mais caro que o senhor tem aqui mesmo? É o de ouro, não é? Pois bem quanto disse mesmo que vale?

Malazartes

—Cem mil dólares...

Pedro colocando a grande bolsa no chão e abrindo-a.

—Pois muito bem, pago muito mais que isso pelo vaso de barro.

E começa a tirar da bolsa muito dinheiro que escorrem pelas suas mãos como grãos.

Malazartes (espantado).

—O senhor ficou maluco moço? Esse dinheiro dá para pagar todos os vasos que tenho aqui e o senhor o oferece por um velho vaso de barro?

Pedro (se aproximando do vaso de barro e carregando-o consigo).

—Fique com os outros, pois, tudo que vi na sua loja, são vasos folheados, enfeitados, cheios de pompa que só tem mesmo valor comercial...Mas este aqui é mesmo de barro puro, e apesar de estar todo rachado é um vaso verdadeiro.

Pedro vai saindo carregando o vaso enquanto malazartes fica meio perdido no palco entre os demais vasos.

Cena Três

Malazartes

—Hei espere. Mas que sujeito mais maluco meu Deus; me deu tanto dinheiro em troca de um vaso todo rachado...Bem mais pelo menos valeu a pena, não é? Com esse dinheiro todo posso reformar minha loja e renovar meu estoque e ainda me sobra dinheiro. Sabe de uma coisa? A partir de agora só vou trabalhar com vasos de barro, pois é isso que dá dinheiro, muito dinheiro.

Ele joga todo dinheiro para cima e alucinadamente grita:

—Estou rico! Rico! Rico Minha gente! Rico!

Luz se apaga. Escuro total.

Cai o pano

Fim do segundo ato.

TERCEIRO ATO

A TRANFORMAÇÃO DO VASO DE BARRO

Terceiro Ato

Cena Um

Luz incide lentamente sobre a platéia onde o vaso de barro está em destaque, totalmente transformado em estado de novo.

Um maestro rege a platéia que de pé, canta um louvor como sendo uma grande orquestra.

Malazartes passeia pela platéia como que procurando por alguém e ao se deparar com a cena fica embevecido admirando a orquestra que atinge o seu auge.

Obs: Ao terminar a música cantada, o povo pode glorificar, se abraçar, falar em mistério e etc.

Ao terminar de reger a grande orquestra, o maestro vai se retirar quando é interceptado por Malazartes que:

Malazartes (Se referindo a platéia).

—Hei! Senhor! Senhor! O senhor é que o dono dessa fábrica de vasos?

Maestro

—*Mais ou menos.*

Malazartes

—*Como mais ou menos?*

Maestro

—*Na verdade o dono é meu pai, mas se tudo o que é do pai é do filho eu também sou dono.*

Malazartes (Admirado)

—*Nossa!*

Maestro

—*Mas porque tamanho espanto?*

Malazartes

—*É porque eu nunca vi uma fábrica tão grande como essa, com tantos vasos, uns mais lindos que o outro...Vasos que cantam, choram, sorriem e parecem repletos de alegria...Meu Deus!!! E são todos de barro?*

Maestro

—Sim, são todos de barro meu caro.

Malazartes

—Mas... Vocês só trabalham com vasos de barro? Por quê?

Maestro

—Porque a excelência de Deus só se aperfeiçoa em vasos de barro.

Malazartes

—E quanto custa cada um?

Maestro

—Senhor, lamento lhe informar, mas eles não têm preço; não estão a venda, foram comprados por meu pai, quando ninguém lhes dava nenhum valor.

Aproximando-se do vaso que fora comprado.

—Veja este aqui, estava preste a ser jogado no lixo e meu pai o comprou, lapidou e veja como está agora; novinho em folha, pronto para ser usado.

Malazartes (Espantado com o vaso que fora seu).

—*Não é possível...Mas este vaso era meu...Aquele que ia ser jogado fora e que foi comprado por um valor absurdo...Mas que transformação...*

Maestro

—*Isso acontece com todos os vasos que chegam aqui; uns vem do lixo, outros da prisão, outros das casas de prostituição, outros dos vícios e aqui são lapidados até chegar a esse ponto.*

Malazartes

—*Mas como é que vocês conseguem fazer isso com os vasos?*

Cena quatro

Maestro (Apontando para o palco que lentamente se ilumina, ao som de uma música suave, onde está Pedro e outros vasos.

Pedro faz movimentos com os vasos como se os construindo.

Obs: Nesta cena pode mostrar-se um belo exercício de teatro praticado pelos atores.

Maestro (A uma certa distância, descrevendo para ele o que acontece no palco).

—*É muito simples aquela é a casa do oleiro, uma espécie de oficina, ali meu pai com tamanha paciência quebra e refaz todos os vasos e, com muito amor vai lapidando-os até que fiquem perfeitos novamente e prontos para serem cheios dos frutos do espírito...*

Malazartes (Perplexo).

—*Mas...Eu conheço aquele senhor, ele é o homem que me comprou aquele vaso velho e rachado com tanto dinheiro.*

Maestro

—*Sim aquele é o pai, eu sou o filho e todos essas pessoas que aqui estão, um dia foram como aquele vaso velho e rachado que o senhor ia jogar no lixo.*

Os olhos de Malazartes enchem-se de lágrimas.

Malazartes (Olhando para o maestro).

—*Como eu me arrependo disso...*

Nasce uma música triste, Malazartes fica cabisbaixo e em passos lentos vai se dirigindo em meio platéia, para a porta de saída, mas, é contido pelo vaso de barro que muito emocionado corre até ele e ajoelha-se aos seus pés.

Vaso de barro

—*Senhor Malazartes! Senhor Malazartes! Senhor Malazartes! Antes de ir, quero lhe dizer que o perdôo por ter me desprezado tanto, e também que o agradeço por ter me guardado por tanto tempo naquele cantinho de sua loja e que o amo muito por ter me entregado nas mãos da Pessoa certa.*

O vaso de barro levanta-se, segura a mão de Malazartes e ambos ficam se olhando por alguns segundos, ele então cabisbaixo caminha de volta até a frente do palco, cai de joelhos, levanta o rosto molhado de lágrimas para o céu e de braços abertos então declama:

Malazartes

—*Oh! Meu Deus muito obrigado por esse*

momento, pois em toda minha vida, cego pela ganância do dinheiro; nunca recebi um gesto tão nobre de profunda gratidão como esse, que agora me inunda a alma. Eu que tanto desprezei as coisas mais simplórias deste mundo agora reconheço o quanto elas tem valor...

Pedro (Na boca-de- cena).

—*Agora o senhor entende a minha atitude em lhe oferecer tanto por um simples vaso de barro?*

Malazartes se levanta e volta-se para Pedro.

—*E que desejava tanto esse vaso para enchê-lo dos frutos do espírito? Simplesmente porque só vasos cheios dos frutos do espírito como perdão, amor e gratidão podem quebrantar tanto a alguém como o senhor.*

Lembra-se também quando lhe disse que precisava de um vaso porque ia oferecer um grande banquete em uma grande festa? Tudo isso foi pensando em você. Seja bem-vindo! Hoje, a festa é sua!

Luzes em efusão e introdução de música orquestral devem preencher todo o ambiente anunciando um grande momento.

Pedro lhe estende a mão, Malazartes se dirige ao palco enquanto o Maestro rege um grande coral que é toda a platéia cantando de pé, enquanto Pedro e Malazartes abraçados na boca de cena e de frente para o público assistem tudo.

Cai o pano

Fim do terceiro ato.

Nota do autor

É com profunda alegria e o coração repleto de gratidão que hoje apresento mais esse trabalho ao ator Saulo.

Alegria em entregar um bom trabalho nas mãos de alguém tão dedicado a arte de interpretar e,

Gratidão por esse mesmo alguém tão obstinado ter me oferecido a nobre oportunidade de escrever e também refletir sobre esse tema que certamente é um assunto que diz respeito a todos nós que ao longo de nossa caminhada almejamos ser usados por Deus.

Que ***"O barro, O oleiro e O vaso"*** *seja um momento marcante na vida de todos aqueles que estarão envolvidos na grande responsabilidade de realizar mais essa obra teatral que hoje escrevi.*

Tony Caroll.

SOBRE O AUTOR

TONY CAROLL

Escritor e dramaturgo no cenário das artes cênicas. Atuou como professor na oficina de atores do Rio de janeiro onde talentos da televisão brasileira ministram cursos de diversas modalidades na área artística. Autor de obras nos gêneros dramaturgia, romances, coletâneas poéticas, cursos, livros infantis, autoajuda.

Cursou teatro na escola Martins Pena; participou de diversos movimentos culturais, foi membro da cooperativa da arte cooparte e academia petropolitana Raul de Leoni e ganhador de diversos prêmios no universo da literatura e teve presença marcada nos concursos literários.

III Concurso nacional de poesia intervalo em 2003.

VI Concurso nacional e internacional de contos e poesias poeta nuno alvaro pereira em 2004.

Prêmio literario Hernani cidade; I Concurso temático de poesia sarau na casa d'alma casa de cultura elbe de holanda; XIV Concurso de contos Alipio Mendes; XII Concurso de poesia Casimiro de Abreu em 2011.

E mais...

Prêmio Barueri; Psia um poema em cada árvore;Concurso Internacional de poesia livre Celito Medeiros;V CLIPP Concurso literário Presidente Prudente; Os versos que te dou...

Atualmente o autor exerce a função de redator, trabalha como ghostwriter, escreve e faz diagramação e editoração de livros.

Entre os seus autores preferidos estão:Ganymedes Jose, Yanla Vanzant, Zelia Gatai, Monteiro Lobato,Clarice Lispector,Cora Coralina,Leo buscaglia,Khaled Hosseini.

OBRAS DO AUTOR

DRAMATURGIA CRISTÃ

- Aplausos para Jesus

  - Aplausos para jesus é um excelente convite aos grupos de teatro que procuram um bom texto para ensaios e rica produção no universo e das artes cênicas.

Com um tema muito propicio para o momento em que surgem tantos líderes no universo gospel, o texto ora apresentado traz também uma profunda reflexão sobre as glórias que muitos desses líderes buscam para si.

Escrito para ser discutido não apenas no ambiente evangélico, aplausos para Jesus é também um texto de fácil compreensão tantos para os atores, diretores e espectadores dispostos a mostrarem o evangelho de forma descontraída e em tom de comédia.

https://www.amazon.com/dp/1973334763

- De corpo alma e coração

  - "De corpo, alma e coração" pode ser considerado um dos maiores desafios do momento para atores, diretores e produtores que procuram um grande texto para ensaios e almejam realizar grandes produções ou ainda uma excelente adaptação para o cinema e também uma boa opção para aqueles que gostam de ousadia em termos de dramaturgia no cenário gospel.

Texto completo e escrito para atuação de grandes atores," De corpo, alma e coração " se destaca no cenário das artes cênicas pela sua qualidade de escrita onde toda a linguagem rebuscada para a construção de cada cena é uma enorme inspiração para o ator que impregnado pela força das palavras se sentirá bem mais forte e confiante na construção e encenação de seus personagens.

https://www.amazon.com/dp/1549604805

- O barro o oleiro e o vaso

  - O barro o oleiro e o vaso é mais um texto da dramaturgia cristã que chega ao cenário evangélico como boa sugestão para novos atores que buscam temas biblicos como a "valorização da vida e exemplos de superação.

Além de discutir um assunto relevante que é a transformação do ser humano, este texto o faz com certa dose de comédia misturando fábula e realidade. A história de um vaso destruído e esquecido no meio de tantos outros em uma casa que comercializa antiguidades é algo que retrata bem aquele ser humano autoflagelado que diante de uma sociedade exigente em tons de beleza já não serve para mais nada.

O texto ora apresentado nos deixa a lição de que só os especialistas em determinados gêneros de coisas podem avaliar o valor de cada uma delas. O barro o oleiro e o vaso também têm a sublime missão de despertar o leitor e fazer o público a compreender que algo bem desprezível pode esconder uma raridade.

Inspirado em trechos da bíblia sagrada, o barro o oleiro e o vaso podem ser trabalhados como exercicios por parte de atores, instrutores teatrais e diretores de maneira bem descontraída porque traz uma linguagem simples onde personagens divertidos saltam diante dos olhos do leitor emocionando-o e esclarecendo-o sobre o tema “o vaso de barro nas mãos do oleiro” de forma bem atual.

https://www.amazon.com.br/dp/B00KQ54Y6A

www.ingramcontent.com/pod-product-compliance
Ingram Content Group UK Ltd.
Pitfield, Milton Keynes, MK11 3LW, UK
UKHW012254290726
14090UKWH00016B/652

9 781521 726921